SPY×FAMILY MALBUCH: OPERATION AUSMALEN

SPY×FAMILY OPERATION IRONURI -FAMILIY-
© 2023 by Tatsuya Endo
All rights reserved.
First published in Japan in 2023 by SHUEISHA Inc., Tokyo.
German translation rights in Germany, Austria, German-speaking Switzerland and Luxembourg arranged by SHUEISHA Inc.

Deutschsprachige Ausgabe / German Edition
© 2024 Crunchyroll SA
CH-1007 Lausanne
1. Auflage

Programmleitung: Hideki Iyama / Lizenzkoordination: Ai Kono
Redaktion: Christopher Micksch / Herstellung: Sonja Lesch
Deutsche Logo- und Covergestaltung: Jessy Knipprath
Lettering: Paolo Gattone, Chiara Antonelli
Druck und Bindung: PrintBest OÜ, Estland

Alle deutschen Rechte vorbehalten
ISBN 978-2-88951-314-7

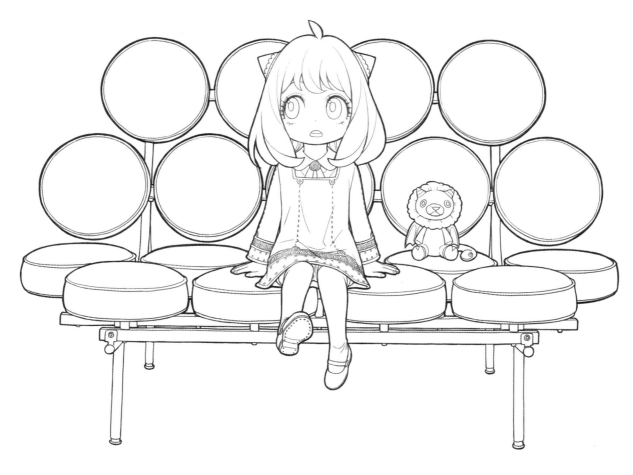

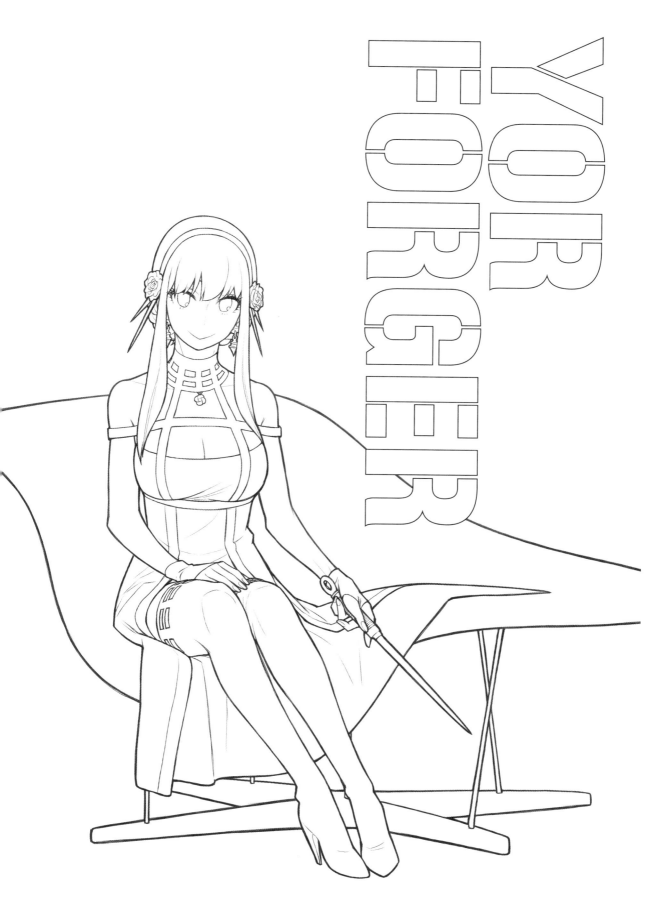

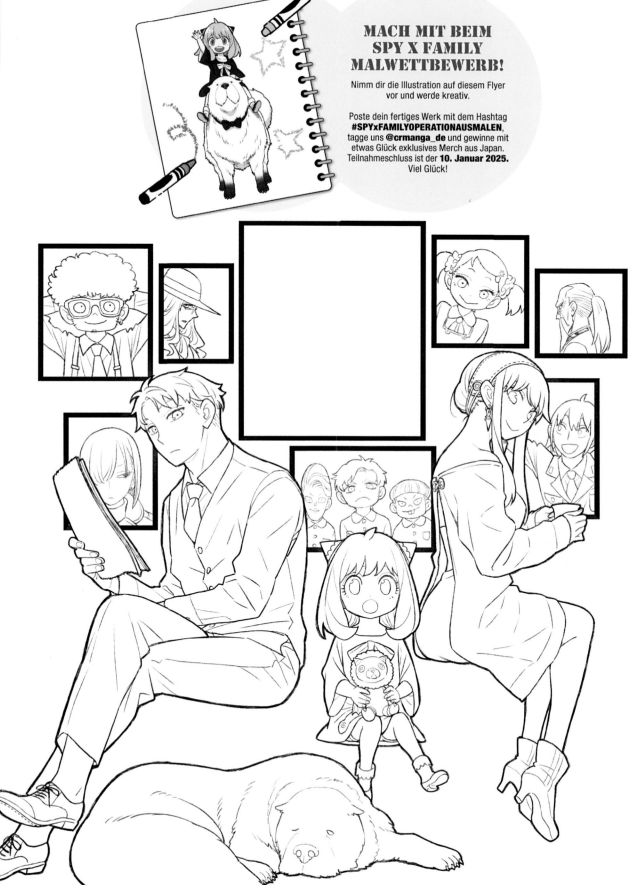

AUF DIE PLÄTZE, FERTIG, MALEN!

Macht euch bereit für Operation Ausmalen! Die hübschesten Bilder der berühmten Manga- und Anime-Familie können jetzt ganz individuell selbst gestaltet werden.

Auf 40 Seiten versammelt dieses Malbuch Illustrationen von Loid, Yor und Anya in spannenden Actionszenen, im idyllischen Familienleben und in ihren lustigsten Outfits.

BLICK INS BUCH

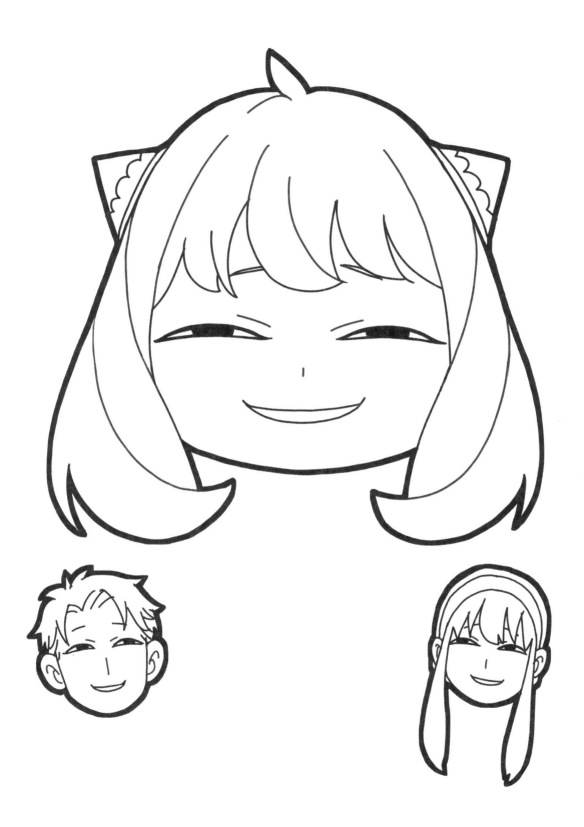

SPY × FAMILY
KREUZFAHRT-ABENTEUER